Julius Rodenberg

Feramors Lyrische - Oper in drei Akten

Julius Rodenberg

Feramors Lyrische - Oper in drei Akten

ISBN/EAN: 9783743630468

Hergestellt in Europa, USA, Kanada, Australien, Japan

Cover: Foto ©Thomas Meinert / pixelio.de

Weitere Bücher finden Sie auf **www.hansebooks.com**

Feramors.

Lyrische Oper in drei Akten.

Dichtung frei nach Th. Moore

von

Julius Rodenberg.

Musik

von

Anton Rubinstein.

Preis: 4 Ngr.

Personen:

Lalla Rukh, Prinzessin von Hindostan.
Hafisa, ihre Freundin.
Feramors, ein Sänger.
Fablabin, Großvezier von Hindostan.
Khosru, Großvezier von Bokhara.
Ein Muezzin.
Ein Bote.

    Gefolge der Prinzessin, Edle von Bokhara, Rajahs, Bewaffnete, Volk von Kaschmir, Bajaderen, Sclaven, Sclavinnen.

Der erste und zweite Akt spielt in einem Thale vor Kaschmir, der dritte in Kaschmir.

Erster Akt.

Erste Scene.

Männer, Weiber und Kinder aus dem Volk von Kaschmir. Später Khosru mit Gefolge und Bewaffneten.

Chor des Volks.

Männer.

Seht Ihr noch nichts?

Weiber.

Ja, dort!

Männer.

Wo?

Weiber.

Nein, nichts!

Männer.

Dort seht! .... Wo denn?

Weiber.

Seht nur, seht!

Männer.

Dort kommt ein großer Zug!

Alle.

Das sind sie!
Dort schon in jene Schlucht
Biegen sie ein!
Bald sind sie hier!
Herrlich — prächtig! Seht!

Khosru.

Fort da das Volk! Und räumt den Platz,
Daß nichts den Einzug störe!
Stellt hier Euch auf,
Die Fürstin zu empfangen!

Volk.

Heil unserm Großvezier!
Heil ihm, dem Abgesandten, Heil!

Khosru.

Ist auch im Zelte der Prinzessin
Alles zum Empfang bereit?
Platz da! Schon nahet der Zug.

Männer.

Steht man jetzt mehr?

Weiber.
Ja, ja!

Männer.
Wo?

Weiber.
Seht dort!

Alles Volk.
Ja, jetzt naht der Zug!
Die stolzen Ritter mit silbernen Federn voran!
Immer näher kommt er heran!
Herrlich — prächtig! Seht!
      Was ist das?
Ist's das, was uns so herrlich erschien?
Sechs gewaltige Männer tragen
Es kaum fort im Palankin!

Zweite Scene.

Volk von Kaschmir.   Fabladin.   Neger.
Später Khosru.

Fabladin.
Still gehalten!
Tragt Ihr künftig mich nicht besser,
Laß ich sieben Tag' Euch fasten!

Volk.

Hahaha! Der spricht von Fasten!
Nützlich wär's ihm selber sehr;
Denn wenn er so fortwächst, trägt ja
Bald kein Elephant ihn mehr!

Fabladin.

Mich nicht besser zu behandeln!
Mich, des Ganzen Kopf und Seele,
Mich, den weisen Fabladin!

Volk.

Ja, sein Kopf gleicht einem Kürbis,
Und sein Rücken dem Kameele!

Fabladin.

Um die Ordnung zu erhalten,
Eilte ich voran dem Zug,
Denn an Aerger und Verstößen
Gab's schon unterwegs genug.
Doch was mich verdrießt am meisten,
Ist der unverschämte Sänger,
Und wär' die Fürstin meiner Meinung,
Gäb' sie ihm Gehör nicht länger.
Ha! mir bebt vor Zorn die Wimper,
Daß es wagt ein solcher Stümper,
So mit Singsang und Geklimper
Mir zu nahn, dem kunsterfahrnen Mann! —
Doch schnell jetzt an mein Amt!
Bald wird die Fürstin hier sein,

Und ich habe zu ihrem Empfange
Noch geordnet nichts und befohlen.
   Ha, was ist das?
   Volk! Gesindel!
Was gafft Ihr da? Fort von hier!
Fort, oder ich laß Euch bastoniren!
Gemeiner Pöbel! wie dürft Ihr's wagen,
Einen Platz zu entweihn, der die Fürstin soll tragen.

    Volk.
Schrecklich, schrecklich, was er verkündigt!
Verzeih, daß wir gesündigt!

    Fablabin.
Doch was seh ich? Ist es möglich?
Alles schon geordnet — und ohne mich!
Bunte Kränze, Lampen, Tapeten,
Selbst die Bäume sind geschmückt mit Blüthen!
Wer hat sich unterfangen,
Dies ohne mich Alles anzuordnen?

    Volk.
Seht dies Gesicht — und diesen Bauch!

    Fablabin.
Wer durfte sich erdreisten,
Hier außer mir Befehle zu geben — wer?

    Khosru.
Ich!

Fablabin.
Du?

Volk.
Er!

Khosru.
Mich sandte der König von Bokhara
An diesen Ort, in seinem Namen
Die Prinzessin, seine Braut, zu empfangen.
Doch wer bist Du?

Fablabin.
Ich? — Fürwahr, an Deiner Weisheit
Muß ich ein wenig zweifeln,
Daß auf den ersten Blick
Du mich nicht erkannt!
Du fragst, wer ich bin? ... Ich?!
Ich bin der große Großvezier,
Der weise Fablabin genannt!

Volk.
Hört, hört! Er heißet Fablabin!

Fablabin.
Und da ist nicht das kleinste Dorf,
Vom Nil bis zu des Ganges fernstem Strand —

Volk.
Habt Ihr jemals von ihm gehört?

Fabladin.

In dem mein Name nicht gekannt!

Volk.

Nicht hier — wir wußten gar nichts!

Fabladin.

Da ist im ganzen Inderreich
Kein Zweiter mir an Weisheit gleich;
Drum hat der Kaiser — (Pantomime) — mich
                                       gemacht
Zu seines Hofes Schirm und Wacht.
Ich bin der große Richter
Der Musiker und Dichter,
Der Maler und der Schreiber,
Der Farb= und Schminkereiber,
Der Glaubensüberläufer,
Der Rosenölverkäufer,
Der Priester und Pagoden,
Der Schneider und der Moden,
Der Schuster und der Schlächter,
Der Band= und Kränzeflechter,
Der Schenken und der Bäcker,
Der Köch' und Tafeldecker.
Kurz, was in Delhi soll geschehn,
Muß meine Prüfung erst bestehn,
Und Alles hängt dort — ab von mir:
Ich bin der große Großvezier!

Volk.

Nun wissen wir, nun wissen wir:
Er ist der große Großvezier!

Fabladin.

Drum hat der Kaiser —
(Gepriesen und gelobt sei er!) —
Von Delhi mich gesandt hieher,
Um Eurem König — (Er sei gepriesen
Und alle Ehre sei ihm erwiesen!) —
Die Braut zu bringen, die er sich erkor.

Khosru.

Verzeih, daß ich Dich nicht gleich erkannt,
Und daß mein Blick so verdunkelt;
Du weißt, daß der größte Diamant
Nicht immer am Meisten funkelt.
Ja, wärst Du nicht so theuer mir,
Ich könnte Dich beneiden!
Nun, sei mir willkommen, Großvezier,
So weise, und doch so bescheiden! —
Horch, sie kommen!

Fabladin.

Ja, das ist sie!

Volk.

Seht, sie kommen!

Khosru und Fablabin.

Fort, macht Platz!

Volk.

Seht den schönen Zug!

Fablabin.

Wie schmacht' ich nach Dir,
Meine Hafisa!

Khosru.

Stellt hier Euch auf, verneigt Euch tief,
Grüßt Eure künftige Herrin!

Dritte Scene.

Die Vorigen. Der Zug der Prinzessin.
Zuletzt Lalla Ruth und Hafisa.

Chor des Zuges.

Heil! Heil!
Die Fahrt ist zu Ende, wir kommen, wir nahn
Mit der Fürstentochter von Hindostan!
Wir führen sie zu dem erlauchten Gemahl,
Dem Herrscher in Kaschmir's gesegnetem Thal.
Verlobt durch der Väter geheiligtes Wort,
Zog sie von den Palmen der Heimath fort —

Volk von Kaschmir.

Heil! Heil!

Chor des Zuges.

Und zu dem Gemahl, den sie niemals geschaut,
Geleiten wir sie, die verschleierte Braut.

Khosru.

In meines Königs Namen
Begrüß' ich Dich, o Herrin!
Aus Deiner Heimath Palmenau
Zogst weit hinaus Du, Holde!
Doch Kaschmir harr't und wartet Dein,
Geschmückt schon mit Hochzeitkränzen.
Sieh, dort die Stadt im Abendschein,
Den Himmel, rosig und blau —
Dort, wo die Kuppeln glänzen,
Soll Deine neue Heimath sein.
Dort, wo die Wolken verschweben,
Dort, wo sich öffnet das Thal,
Wartet die Liebe, wartet das Leben:
Wartet, o Fürstin, auf Dich Dein Gemahl!

Lalla Rukh.

Verlobt durch der Väter geheiligtes Wort,
Zog ich von den Palmen meiner Heimath fort;
Und zu dem Gemahl, den ich nie geschaut,
Geleite Du mich nun als Braut.

Khosru.

Zwar dieses Thales blühende Strecke nur
Trennt Dich von Deiner Hauptstadt;

Doch alte Sitt' erheischt, daß der König
Dich erst am Hochzeitfeste sieht —
Drum diese Nacht noch sei hier
Im Thale festlich zugebracht.
Unter den Bäumen hier,
Welche den Willkomm' Dir rauschen,
Wolle die Gaben empfangen,
Die Dir der König durch mich läßt überreichen.

Chor.

Feiert den Abend mit Liedern und Tänzen,
Laßt Euch hier nieder auf duftigem Rain;
Denn erreicht sind Bokharas Grenzen,
Und dort liegt Kaschmir im Sonnenschein.
Dort blühen Rosen und Reben,
Und nach der Wanderschaft Mühe und Qual
Winkt dort die Freude, das Leben.
Heil Dir, o Fürstin, und Deinem Gemahl!

Lalla Rukh.

Pflegt man nicht auch das Opfer zu kränzen,
Eh' es sich naht dem geheiligten Schrein?
Ach, die Stadt, ich seh' sie erglänzen,
Aber der Anblick macht mir nur Pein!
Denn nur wo Er, ist Wonne und Leben,
Den ich heut' sehn soll zum letzten Mal —
Aber mit Zittern und ängstlichem Beben
Nah' ich dem unbekannten Gemahl!

Khosru.
Ernst scheint die Fürstin! — Gar keinen
Antheil nimmt sie am Feste.

Hafisa.
Vielleicht, daß sie der Heimath denkt,
Daß fernhin nach Delhi ihr Herz entschwebt,
Hin nach der Heimath!

Khosru.
So ist das Leben! — Und wir Menschen, ach!
Gewinnen immer nur, wenn wir verlieren.

Hafisa.
Ist es auch gewiß, daß wir gewinnen?

Khosru.
Von Außen nicht — die Antwort kommt von
Innen!

Hafisa.
Ein schöner Mann — und stolz und rittergleich!

Khosru.
Ein holdes Weib — und anmuthreich!

Fablabin.
Heute mußt Du Wort mir halten,
Heut' Gehör mir geben,
Heut', mein süßes Leben,
Am letzten Tag — heut'!

Khosru.

Mich faßt mit süßer Macht
Ein Wunsch, ein holder Traum,
So leis, wie dort die Nacht
Schon streift den Himmelssaum!
O Glück, so ahnungsreich,
Ich mag mir's nicht gestehn —
Ein lieblich Sternenpaar
Hat hold mich angelacht,
Darum das dunkle Haar
Sich lagert gleich der Nacht.
O Glück, so ahnungsreich!
Ich mag mir's nicht gestehn,
Ich fühl's nur still und weich
Durch meine Seele gehn:
Ein süßer Rosenmund
Winkt mir begehrungsheiß!
O, thät er mir erst kund,
Was nur die Liebe weiß!

Fabladin.

Holdes Schätzchen,
Dort ein Plätzchen
Ist für Liebe ganz gemacht!
Dort am Plätzchen,
Holdes Schätzchen,
Wart' ich Deiner heute Nacht!

Hafisa.

Ach! dies Spiel, zu weit getrieben
Hast Du's schon für meine Ruh'!

Kann ein weiser Mann, wie Du,
Ganz wie and're Menschen lieben?

Fabladin.
Ebenso — und noch viel treuer,
Denn die Weisheit schützt Dich, Kind,
Vor der Leidenschaften Feuer,
Die sonst sehr gefährlich sind.

Häfisa.
So von Dir belehrt zu werden,
Bin ich Dir nicht zu gering?
Nein, nein, ich kann's nicht glauben!
(Ach, dies Spiel, zu weit getrieben ꝛc. ꝛc.

Fabladin.
Holdes Schätzchen, ꝛc. ꝛc.

Lalla Rukh.
Ach, wohl rauschen diese Bäume!
Holder Frieden weht mich an,
Und doch sind's dieselben Träume,
Die ich nicht mehr bannen kann!
Holder Traum der Pilgertage,
Warum denn entschwebst du mir?
Du enteilst — und ohne Klage
Schlöss' ich wohl mein Leben hier!

Khosru.
Doch, daß wir unsre Herrin
Ihrem Sinnen entziehn,

Mag, wenn's ihr Wille ist,
Sogleich das Spiel des Abends,
Sang und Tanz beginnen.

Hafisa.

Fürstin, stehe nicht so trüb'!
Lächle, erheitre Dich!
Alles grüßt Dich hier so froh.

Lalla Rukh.

Mir bangt vor ihren Jubelchören,
Mir bangt vor ihres Festes Schimmer!
O, könnt' ich ihn nur sehn,
O, könnt' ich ihn nur hören,
Ihn, deß' Stimme mir klang
Wie ein Zaubersang,
Und dem ich gelauscht, ach! schon viel zu lang',
Und den ich heut' verlieren soll für immer!

Ballet I.

Ballet II. mit Gesang.

Chor.

Seht! Seht!
Die Bräute von Kaschmir, sie kommen dort,
Mit Muscheln und Flämmchen sie kommen dort!

Zum Flussesrand
Mit leisem Schritt
Nun Jede tritt
Und mit bebender Hand!
Die Lichter, sie funkeln,
Sie leuchten sacht,
In stiller Nacht
Glüht ihr Schimmer!
O seht die bunte Pracht!
Machet Platz am Fluß!

Lalla Rukh.

Sag' an mir, was dies bedeute?

Khosru.

Die Mädchen dort sind Bräute,
Von den Verlobten durch das Meer getrennt,
Auf das sich unsre Männer gerne wagen.
Du siehst sie das verwandte Element
Bang um die Zukunft ihrer Liebe fragen.

Lalla Rukh.

Ach! Laßt mich von Nahem das sehn!

Chor.

Seht, es sinkt!
Nein, es blinkt
Wieder auf den Wellen!

Dies erlischt!
Ach, im Gischt
Wird es dort zerschellen!

Khosru.

Ein Opferlicht ist jedes Flämmchen dort,
Und treibt es auf dem Strome nieder,
So kehrt der Ferne bald zum Heimathsort;
Doch wenn es sinkt, so kehrt auch er nicht
                    wieder.

Lalla Rukh.

Dem reinen Licht,
O, gleicht ihm nicht
Unsrer Hoffnung Beben?
Und auch die Fluth,
Darauf es ruht,
Gleicht sie nicht dem Leben?
Die Entfernten sehn sich wieder,
Wenn nur der Raum sie getrennt;
Aber ich . . . ? O, treibet nieder,
Flammenmuscheln, glüht und brennt!

Hafisa.

Fahret hin, ihr bunten Flammen,
Die im Strom ihr niedertreibt!
Bring', o Allah, bring' zusammen,
Was getrennt ist und sich liebt!

Chor.

Seht, es glimmt!
Ja, es schwimmt!
Nein, es sinkt!
Wie es blinkt!
Fahret hin, ihr bunten Flammen, ꝛc. ꝛc.

Ballet III.

Vierte Scene.

Vorige. Später Feramors.

Lalla Rukh.

Der König sandte mir in seiner Gnade
Einen Sänger —

Fadladin.

Ha, schon wieder der verdammte Sänger!

Lalla Rukh.

Nach der tagelangen Wanderung,
Wenn des Abends wir gelagert sind,
Hat sein Lied mich oft entzückt.

Fadladin.

Das kann ich wahrlich nicht verstehen!
Ganz unwürdige Geschichten
Weiß er einzig zu berichten,

Hochverrath und Rebellion
Feiert er mit jedem Ton!

Lalla Rukh.

Laß das, Fabladin!
Den Sänger will ich heut' noch hören!

Khosru.

Warum ist er nicht hier?
Man rufe ihn sogleich!

Fabladin.

Ja, man rufe ihn!
Er komme — er singe! Doch verklagen
Werd' ich bei dem König ihn;
Denn des Amts, das ihm verliehn,
Hat er ganz unwürdig sich betragen!

Feramors.

Heil der Fürstin!

Lalla Rukh.

Wehe,
Daß ich ihn noch einmal sehe!
(Doch zu süß ist dieser Schmerz,
Und nach ihm verlangt mein Herz!
Ich sauge Gift mit durst'ger Seele!
Ich kann das Aug' nicht von ihm wenden,

Ob seine Blicke mich auch blenden,
Wie wenn das Sonnenlicht
Aus dunklem Himmel bricht!
Ach, länger tragen kann ich's nicht!

Hafisa.

Bezaubert gänzlich hat des Sängers Lied die Prinzessin,
Ja, so scheint es mir!
Von seinem Lied' scheint sie ja ganz entzückt zu sein,
Das hab' ich längst gemerkt!

Feramors.

Stille, beim Namen Allah's!
Schweig zu Allem, was Du siehst,
Jetzt kein Wort, Du hörst es später;
Eins nur: vor der Unsern Anblick schütze mich!
Und nun nichts weiter!

Fabladin.

Wie kann der Großvezier sich so vergessen nur,
Mit diesem Sänger hier leis zu sprechen!
Heißt das Anstand?

Khosru.

Entfernen will ich sie!

Fabladin.

Singe, die Fürstin will's!
Doch vergiß Dich heut' nicht wieder;

Solche gottvergeſſ'ne Lieder,
Als Du ſangſt den Tag zuvor,
Sind für keiner Fürſtin Ohr.

Lalla Rukh.

Singe, Feramors! Erzähle
Von der Vorzeit mir.
Es ſehnt ſich meine Seele
Nach dem Wohllaut Deines Liedes.
Dich hör' ich heut' zum letzten Mal,
Vorbei ſind nun die Wandertage.
Zum letzten Mal! O, Wort voll Klage!
Kann es geſchehn, daß ich es trage?
O Herz, halt' ein doch in deinem Schlage,
Weine, wo Niemand dich ſieht!

Ballade.

Feramors.

Das Mondlicht träumt auf Perſiens See,
Und ihre blauen Fluthen ſchweigen,
Da ſtiehlt ſich durch den Silberſchnee
Ein Boot hin zu den Palmenzweigen,
Und es ankert das Boot, und es rauſcht der Wind —
    O, du armes Königskind!
Aus dem Boot ſteigt der Held, der hochgemuth
Noch bewahret des Feuers lebendige Gluth.
Und in Thränen vor ihm niederkniet
Sie trüb', wie nie zuvor;

„O Geliebter, das Verderben zieht
„Am Himmel schon empor!
„Wenn die Sonne dort steigt, wird erlöschen das
Feuer,
„Das Dir und Deinem Volke so heilig, so theuer,
„Und das Banner des Propheten siegreich weht
„Auf dem Felsen dort, wenn sie niedergeht!
„D'rum, o kehre nicht zurück, bleibe hier, bleib' bei
mir!
„Ich kann nicht leben ohne Dich, bleibe hier!"
  Er aber spricht:
„Die heil'ge, ewig reine Flamme
„Erlischt nur mit mir und meinem Stamme!
„Ob die Lieb' auch fleht, ob die Lieb' auch weint,
„Mein Platz ist dort, wo das Feuer scheint;
„Wo die Meinen stehn und mit Zorn und Gram
„Die Stunde verfluchen, wo Dein Vater kam,
„Um zur Ehre des Propheten
„Unser Heiligthum zu zertreten!" —
Und er geht, und es weint das schöne Königs=
kind! —

Und am andern Morgen, als roth die Sonne sich
hebt,
Vom Schlachtruf des Feindes der Felsen erbebt,
Und ringsum stürzt und zusammenfällt
Ein Volk, ein Glaube, eine ganze Welt!
Da faßt Entsetzen die Maid —
Von dem Felsen stürzt sie sich hinab —
Findet in den Wellen ihr Grab!

„Fahr' wohl, fahre wohl, Du Liebliche, Reine!" —
So sang eine Peri unter der See —
„Dir gleicht an Schönheit der Perlen keine,
„Die Du gestorben vor Lieb' und vor Weh!

„Fahre wohl! Der Schimmer rother Korallen
„Soll glühn um Dein Lager in wogender Fluth,
„Und ew'ger Wohllaut soll Dich umschallen
„Aus Muscheln, in denen wir Peri's geruht.

„Doch auch Du in des Volkes Herzen wirst leben,
„Der mit der Flamme des Glaubens sich vermählt,
„Und jeder Tyrann auf seinem Throne wird vor
Angst erbeben,
„Wenn Deinen Tod der Sänger erzählt.

„Dein Name soll schweben auf Ruhmesflügeln,
„Und so lange die Welt noch fühlt Liebe und Weh',
„Soll sie weinen um Dich, der da starb auf den
Hügeln,
„Weinen um Dich, die da schläft in der See!"
— So sang eine Peri unter der See.

Fabladin.

Bist Du zu Ende nun, Hochverräther?

Khosru.

Halt ein, Fabladin!

Lalla Rukh und Hafisa.

Fabladin!

Khosru.

Wie darfst Du es wagen,
Den Sänger des Königs....

Fablabin.

Den Sänger des Königs?
Ich darf's nicht ertragen,
Ich werd' ihn verklagen!

Lalla Rukh und Hafisa.

Vergißt Du, daß ihn der König uns gesandt?

Khosru.

Sprich, warum in Zorn gegen den armen Sänger
Du entbrannt?

Feramors.

Was kümmert's Dich, wie mein Lied erklungen?
Für die Prinzessin, nicht für Dich hab' ich's ge=
sungen!

Fablabin.

Du wagst es, also zu sprechen mit mir?
Mit mir, dem Großvezier!
Pflichtvergeſſ'ner! Hochverräther!
An den Galgen will ich bringen Dich! — Ja!

Lalla Rukh, Hafisa, Khosru.

Sprich, warum in solchem Zorn
Gegen den armen Sänger Du entbrannt?

Feramors.

Ich lache Dein!

Fadladin.

Unsern heiligen Glauben so verspottet zu sehn,
Das ertrage ich nicht länger!
Vor dem König soll morgen schon in Ketten er stehn,
Dieser gottvergeß'ne Sänger!
Die Feinde Allah's und unsrer Väter,
Die sünd'gen Feueranbeter,
Also im Liede feurig zu preisen;
Den Tod des Rebellen
Als Heldenthat hinzustellen —
Das darf nicht geschehn!
Nein, nein, gerichtet muß ich ihn sehn;
Vor dem König soll er stehn!
Daß man ihn nicht längst gehängt,
Hat mich schon sehr tief gekränkt!

Khosru.

Du treibst es zu weit!
O, gieb doch nach, Du wirst das Spiel verderben!
Zu groß ist Dein Muth —
Der Plan war so gut —
Entdeckung führst zu früh Du herbei.
O, gieb doch nach!

O hör' doch, er droht,
Er will Deinen Tod!
Sieh', wie sich immer mehr und mehr
Vor Wuth des Alten Wange färbt!
Es wird Dir nicht nützen, Dich noch zu verstecken,
Du mußt Dich entdecken,
Wenn Du also weiter gehst!

Feramors.

Laß mich nur machen,
Laß, mein Freund!
Etwas weiter treib' ich's noch —
Laß mich doch!

Hafisa.

Der Zorn färbt Dein Gesicht!
O, weiser Fabladin,
Er paßt zur Weisheit nicht —
Auf, verbanne ihn!
Mit der Stirn so kraus,
Siehst Du schrecklich aus!
Ach! der arme Sänger,
Was hat er Dir gethan?
Frei ist er von aller Schuld.
O, schenk' ihm doch diese Huld,
Die Du mir hast zugedacht!

Lalla Rukh.

Ach, für mich sang er das Lied!
Ich fühl' es tief,

Daß im Herzen nun erwacht,
Was drinnen schlief!
Allah! für mich soll er nun dulden!
Es war mein Verschulden.
 Nein! — Nein!
Er darf nicht sein Opfer sein!

Chor.

Was tobt er, was schimpft er, warum diese Wuth?
Was färbt ihm die Wange mit zorniger Gluth?
Wie er ras't! — Immer mehr! — Hört!
Was that der arme Sänger, sagt,
Daß er ihn so hart verklagt?

Feramors.

Nur der Liebe galt mein Singen,
Ihr allein in Lust und Leid,
Und so lang' die Saiten klingen,
Sei ihr hellster Ton der Liebe geweiht!

Chor.
Er hat Recht!

Fadladin.

Wer hat Recht?
Fort von hier,
Oder Ihr
Sollt bekommen all' die Bastonade!
Hört Ihr nicht, daß er, der Hochverräther,
Den Glauben unsrer Väter
Frech beschimpft hat und geschmäht?

Hafisa.

Warum soll denn der Sänger leiden?
Warum hat Dich sein Lied empört?
Ich glaube fast, daß die Fürstin lieber ihn hört,
Als Dein Gepolter,
Und daß von Beiden Dich sie am liebsten entbehrt.

Khosru.

Sag', wär's nicht besser,
Wenn Du Deinen Fehl geständest,
Wenn Du feierlich Abbitte nun thät'st?
Das wär' ein rechter Spaß!

Lalla Rukh.

Er darf nicht verderben,
Und sollt' ich auch selbst,
Um ihn zu retten, sterben!

Chor.

Heil dem Sänger!
Und heilig sei uns sein Gesang!

Ruf des Muezzin
(hinter der Scene).

Allah il Allah! Mahomet razu il Allah!

Chor.

Hört Ihr den Ruf vom Minaret?
Es ist Zeit zum Nachtgebet.

Ruf.
Allah il Allah! Mahomet razu il Allah!

Chor.
Das Gesicht gewandt gen Westen,
Knie't hin vor dem, der uns schuf!

Ruf (wie vorher).

Chor.
Die Nacht und der Mond und jegliches Gestirn,
Sie wurden all' auf seinen Ruf!

Ruf (wie oben).

Chor.
Er sendet seiner Engel Schaar,
Um uns zu schützen vor Gefahr!

Fabladin.
Du hast mir längst versprochen,
Mich zu erwarten in der letzten Nacht.

Hafisa und Chor.
Allah il Allah!

Khosru.
Mädchen, aus Deinen Feueraugen droht mir Gefahr!

Hafisa und Chor.

Allah il Allah!

Feramors.

Sage mir, o Fürstin, daß mein Lied Dir nicht
mißfiel!

Lalla Rukh und Chor.

Allah il Allah!

Feramors.

Sprich nur ein Wort — ein Wort zu Deinem
Sänger!

Hafisa.

Wie kannst Du nur beim Nachtgebet
Auf solch' unheilige Gedanken kommen?

Khosru, Fadladin und Chor.

Allah il Allah!

Fadladin.

Mehrfach hast Du schon Dein Wort gebrochen;
Doch heute mußt Du kommen — ich halte Wacht.

Lalla Rukh.

Das Lied, das Du gesungen,
Hat wie ein Zauber mich durchdrungen!

Feramors und Chor.
Allah il Allah!

Khosru.
Der Herr sandte Dich zu mir aus seiner Engelschaar!

Lalla Rukh.
Ich denk' an den Jüngling und an das Königs-
kind,
Und wie sie beide gestorben sind!

Hafisa und Chor.
Allah il Allah!

Feramors.
O sel'ger Tod, vereint im letzten Hauch!
O, könnt' ich für Dich so sterben auch!
Doch warum sterben? Das Leben Dir zu weihn,
Das muß der Himmel auf Erden sein!
Allah il Allah!

Hafisa.
Halb hat er schon mein Herz gewonnen,
Und halb muß ich's ihm schenken!
Allah il Allah!

Lalla Rukh.
Halt' ein, ich darf Dich nicht hören!
Was hat Dich so kühn gemacht? — Halt' ein!
Allah il Allah!

Fadladin.

Wirst Du kommen? Sprich!
Ich erwarte Dich!
  Allah il Allah!

Khosru.

Bezaubert hat sie mich schon ganz und gar!
  Allah il Allah!

Chor.

 Allah il Allah!

Chor.

Alles stille! Alles sacht!
Löscht die Lichter aus und haltet Wacht!

Lalla Rukh.

O, dürfte mein Herz an seinem schlagen,
Dann, sel'ge Nacht, dann braucht' es nie mehr zu
    tagen!
 Lebe wohl, o Sänger mein!
 Lebe wohl, mein sel'ger Traum!

Feramors.

O, dürfte mein Herz an ihrem schlagen,
Dann, sel'ge Nacht, dann braucht' es nie mehr zu
    tagen!
 Allah! diese Nacht
 O, steh' mir freundlich bei!

Khosru.

Schlummre sanft und träum' von mir!
Holdes Mädchen, gute Nacht!
Und die Engel des Herrn halten Wacht.
Auf Wiedersehn! Auf Wiedersehn!
Morgen giebst Du mir Gewißheit meines Glücks!

Hafisa.

Nein, das duldet Fabladin nicht!
Auf Wiedersehn! Auf Wiedersehn!

Fabladin.

Holdes Schätzchen,
Dort am Plätzchen
Wart' ich Deiner heute Nacht!
Dort ein Plätzchen,
Holdes Schätzchen,
Ist für Liebe ganz gemacht!
Ich halte Wacht,
Doch erfüll' mir endlich heut' Dein Wort!

Chor.

Nun gute Nacht,
Und Allah wacht!

Ende des ersten Akts.

Zweiter Akt.

(Dekoration des vorigen Akts.)

Erste Scene.

Lalla Rukh (allein).

Ich kann nicht ruhn — beklommen ist die Brust!
Ich möchte fliehn, ach! weit hinaus,
Wo kein Gedanke mehr an ihn ist;
Wo frei das Herz wird vom Kampf der Liebe,
Der in ihm tobt;
Frei vom Widerstreit, der es zerreißt;
Frei von Sehnsuchtsqualen, die in ihm brennen
Und es verzehren!
  O, heil'ge Nacht! in deine Kühle
  Tauch' ich meiner Seele Gluth!
  In mir stürmen die Gefühle,
  Während Alles schläft und ruht.
  Ach! ich kann es noch nicht fassen!
  Wie mir nun Alles anders scheint —
  Ich fühle mich so tief verlassen,
  Seitdem sein Abschiedsblick mich traf!

Wachend träum' ich,
Und mein Lager flieht der Schlaf!
Bald gehör' ich dem Gemahle,
Ach! der mir so fern!
Mir schaudert vor dem ersten Morgenstrahle,
Denn mein Herz blieb hier so gern!
Lautlos wandl' ich hin zum Throne,
Schweigend trag' ich meinen Schmerz,
Auf dem Haupt die goldne Krone,
In der Brust ein brechend' Herz!

Zweite Scene.

Lalla Rukh. Hafisa.

Hafisa.

O Fürstin! warum in der Mitternacht
Fliehst Du Dein Lager?

Lalla Rukh.

Ach! nur für die Glücklichen ist Schlaf und Traum!

Hafisa.

Und bist nicht Du die Glücklichste von Allen?

Lalla Rukh.

Ich — glücklich? — Freundin, hast Du je geliebt?

Hafisa.

Geliebt? — Wie seltsam fragst Du mich —

Von jenem Tag, wo Khosru ich gesehn,
Glaub' ich selbst nun ernstlich, daß ich liebe!

Lalla Ruth.

Wenn Du geliebt, so weißt Du, was ich leide —

Hafisa.

So traurig macht die Lieb'?

Lalla Ruth.

Und wie der Gram an meiner Seele nagt!

Hafisa.

Liebe, dacht' ich, mache selig!

Lalla Ruth.

O Freundin, Dir allein,
Dir darf sich dieses Herz vertrauen!

Hafisa.

Theure Fürstin!

Lalla Ruth.

Seitdem ich ihn gesehn, ihn, den Sänger des
Königs —

Hafisa.

Wie, was hör' ich? Ist's möglich?

Lalla Rukh.

Ist nur für ihn mein Denken und mein Fühlen!
Nur für ihn schlägt dieses bange Herz!
Zwischen mir und dem unbekannten Gemahl
Steht sein Bild — sein Bild immerdar!
Ach, ein unaussprechlich' Sehnen ergreift mich,
Und am liebsten möcht' ich fliehn,
Die verhaßte Hochzeit stören!
Freundin, rathe — hilf mir — rede — Hafisa!

Hafisa.

Sie, die Fürstin, liebt einen Sänger,
Sie, eines Königs hohe Braut!?
Dem Gesange dieses Sängers
Hat allzugern und allzuoft sie gelauscht!
Doch so sind wir Alle! — Ja, so sind die Frauen:
Was ihnen unerreichbar, das lieben sie!

Hahahaha! Wahrlich, ich muß lachen!
Sie, die Fürstin, die Königsbraut,
Sehnt sich nach einem Sänger,
Und ich, die unscheinbare Arme,
Erhebe die Augen zu dem Gesandten des Königs!

Lalla Rukh.

Fortschleudern möchte ich gerne die goldene Krone!
Fortschleudern, ach! das drückende Erz,
Das mich ankettet an seinen Thron!
O Sänger der Liebe, o Sänger der Treue,
Dir, ja Dir allein gehört dies Herz!

Dritte Scene.

Vorige. Feramors.

Feramors.
Ha, da ist sie!

Lalla Rukh.
Hafisa, hörtest Du?

Hafisa.
Leise rauschen die Bäume durch die Nacht.

Feramors.
Nein, nein — ich bin's!

Lalla Rukh und Hafisa.
Allah, schütze uns!

Feramors.
Endlich, was ich heiß erstrebt —

Lalla Rukh.
Unter mir der Boden bebt!

Feramors.
Endlich still' ich mein Verlangen!

Lalla Rukh.
Mich ergreift ein Bangen!

Feramors.
Endlich halt' ich Dich im Arm!

Lalla Rukh.
     Halt' ein!
Was willst Du wagen?

Feramors.
Ja, endlich bist Du mein!

Lalla Rukh.
Laß ab von mir, Verweg'ner!

Feramors.
Deine Pulse fühl' ich schlagen —

Lalla Rukh.
Ach, es schwindelt mir der Sinn!

Feramors.
Deinen Athem fühl' ich wehn!
Alles, Alles will ich wagen,
Seit ich in Dein Aug' gesehn!

Lalla Rukh.
An des Abgrunds jähem Riß
Stehe ich nun, und um mich ist Finsterniß!

Feramors.
Geliebte, hör' mein heißes Flehn!

Lalla Rukh.

Wehe! es ist um mich geschehn!

Feramors.

O sieh' mich vor Dir knie'n im Staub,
Mich, der Verzweiflung Raub!
O, laß mich so nicht von Dir gehn!
Sag' ein Wort nur der Lieb' mir,
Ein Pfand der Hoffnung gieb mir,
Laß mich einen Blick des Trostes sehn!
Ach! meines Herzens Drange,
Ich wehrt' ihm schon so lange;
Doch nun bricht der Bann!
Hör' mich, Theure, an!
Laß vor Dir im Staube mich knieen —
Wende Dich nicht fort!
Nur ein einzig Wort!
Sprich, o sprich, daß Du mir verziehn!

Hafisa.

Der Wächter nur zu sein
Für der Andern Liebe!
Stellten sich für mich doch ein
Auch solch' holde Diebe!

Lalla Rukh.

Umsonst, umsonst, der Pflicht Gebot;
Nicht länger kann ich ihm widerstehn —
Ach, ich wandle den dräuenden Pfad!
Allah, Du siehst und Du strafst den Verrath!

(Es schließt der Himmel sich —
Mich hält ein Zauber umschlungen —
Ich fühl's, es ist um mich geschehn!

Fabladin (hinter der Scene).

Holdes Mädchen! Süße Schöne!

Lalla Rukh, Hafisa, Feramors.

Ha!

Hafisa.

Fabladin ist's!
Fliehet, rettet Euch dorthin, schnell!

Fabladin (wie oben).

Holdes Mädchen! Süße Schöne!

Lalla Rukh.

Mir stockt das Blut in den Adern!

Feramors.

Sei ruhig, o Fürstin!

Fabladin (wie oben).

Wo sie nur bleibt?

Hafisa.

Hinter dem Zelt verberget Euch schnell, eilt!

Fablabin.

Leises Geflüster
Klingt durch das Düster!

Hafisa.

Schon ist er da! Er könnte Euch sehn,
Geht!

Fablabin.

Ich höre ihre Stimme!

Hafisa.

Theure Fürstin, laß Dich erflehn!

Vierte Scene.

Hafisa. Fablabin.

Fablabin.

Ha! dort bei dem Zelte der Prinzessin
Harret sie meiner! — Pst, pst! — Hafisa!
Sie hört mich nicht — sie sieht mich nicht!

Hafisa.

Er naht — ich bin des Todes! Allah, steh' mir
bei!

Fablabin.

Sieh, hier bin ich! Hast Du mich lange schon er-
wartet?

Hafifa.

Hier von dem Zelt muß der Lästige fort,
Ja, er muß fort!

Fabladin.

Holde Stunde, nach der ich so lang' schon ge-
schmachtet!

Hafifa.

Hier von dem Zelt muß der Lästige fort,
Ja, er muß fort!

Fabladin.

Licht meiner Seele!
Stern und Juwele!
Laß mich nun nippen
Von Deinen Lippen!
Laß uns nun kosen
Unter den Rosen,
Unter den Bäumen
Dort laß uns träumen!

Hafifa (für sich).

Ueberall sind Wachen ausgestellt,
Ueberall droht ihnen dort Gefahr!
Und wie kommen sie zurück zum Zelt?
Wenn er sie sieht, so sind sie verloren!
Darum schnell nur fort von hier mit ihm,
Um uns Alle sonst ist es geschehn —
Opfern muß ich mich, muß mit ihm gehn!

(zu Fablabin).

Hab' Mitleid, hab' Erbarmen!
Ach, wie kannst an der Armen
Solche Gnade Du üben?
Kannst Du wirklich sie lieben?
Bedenk' doch: meine Ehre,
Ich setze sie auf's Spiel;
Wenn ich Dich auch verehre,
Aber das ist doch zuviel!

Fablabin.

Warum so ängstlich schaust Du stets zurück?
Auf, laß uns nicht länger hier verziehn!
Böses Schätzchen, wehre Dich nicht gar zu viel!

Hafifa.

Zu gefährlich wirst Du mir,
Ach, und Dein Wort wird gar zu frei!
Und wer sagt mir denn, daß ehrlich
Auch Dein Liebeswerben sei?

Fablabin.

Wie?... Was?... Ehrlich?... Gefährlich?
Ich kann nicht lügen, ich kann nicht schmeicheln,
Ich kann nicht heucheln; doch das schwör' ich Dir
Beim Barte des Propheten: ich liebe Dich!

Hafifa.

Wenn man Dich hörte — stille doch, stille!

Fabladin.
Ich heirathe Dich!

Hafifa.
Das ist ja doch nicht Dein fester Wille!

Fabladin.
Ich liebe Dich, ich heirathe Dich, ich — ich!
Großvezierin sollst Du werden in Indiens Reichen!

Hafifa.
Ich Deine Frau? Was fällt Dir bei?

Fabladin.
Keine Sultanin soll sich können mit Dir vergleichen!

Hafifa.
Ich würde nie zu dieser Höhe reichen!

Fabladin.
Licht meiner Seele!
Stern und Juwele!
Laß mich nun nippen
Von Deinen Lippen!
Unter den Rosen
Laß uns nun kosen,
Unter den Bäumen
Dort laß uns träumen!

Hafifa (für sich).
Zur Gemahlin will er gar mich machen —

Es ist doch zum Spott nur und zum Lachen!
Großvezierin möchte ich wohl sein,
Doch nicht von Indien — nein, von Bokhara.
(zu Fablabin).
Frau Großvezierin soll ich sein?

Fablabin.

Frau Großvezierin sollst Du sein!

Hafisa.

Wie wird sich wundern Groß und Klein!

Fablabin.

Geliebt, geehrt von Groß und Klein!

Hafisa.

Sie werden sich bücken —

Fablabin.

Sie müssen sich neigen —

Hafisa.

Sie werden sich neigen!

Fablabin.

Dir Ehre erzeigen!

Hafisa.

Mich tragen sechs Männer im Palankin,
Wie den großen, den weisen Fablabin!

Der alte, der alberne Tropf
Hat ganz verloren, so scheint es, den Kopf!
O, wäre Khosru doch hier
Und spräche dasselbe zu mir,
Wie selig wär' ich, ihm zu folgen!

Fablad n.

Die Ehre, die bevor ihr steht,
Hat ganz ihr das Köpfchen verdreht!
D'rum fort mit dem Zaudern und Warten,
Ich lasse sie nicht länger schmachten!
Holdes Mädchen!

Hafisa.

Hast Du auch wohl bedacht —

Fablabin.

Schönste Blume!

Hafisa.

Bin ich Dir auch schön genug?

Fablabin.

Klarste Perle!

Hafisa.

Bin ich Dir auch klug genug?

Fabladin.

Lichter Engel, himmlisch Wesen, komm!

Hafisa.

Ha! Sie kommen zurück, ich sehe sie nahn!
Jetzt muß ich fort, muß mit ihm gehn;
Bald sind sie hier. — ach!

Fabladin.

Komm, o Mädchen, zum Plätzchen dort,
Komm, folge mir!

Hafisa.

Deinen Bitten und Flehn
Kann ich länger nicht widerstehn —
Komm, ich folge Dir!

> Unter den Bäumen dort
> Wird er nichts hören;
> Während wir säumen dort,
> Wird sie nichts stören!
> Komm! Komm!

Fabladin.

Dank, Allah, Dank!
Sie willigt ein, sie kommt!
Ach! Ach! Ach!

Fünfte Scene.

Lalla Ruth. Feramors.

Feramors.

Hier sind wir jetzt sicher, geliebtes Wesen!

Lalla Ruth.

Hafisa, wo ist sie?

Feramors.

Nur der Mondschein sieht uns wandeln hier —

Lalla Ruth.

Wie still ist die Nacht!

Feramors.

Und Alles, was rauscht, was flüstert und murmelt,
Der Wind und die Wellen, sie sprechen von Dir!

Lalla Ruth.

Ach, mich bethört die zaub'rische Sprache!
Ach, mich ergreift dieser himmlische Klang!

Feramors.

Siehst Du die Sterne?
Hörst Du der Liebe Feiergesang?

Lalla Ruth.

Liebe! Dich fühl' ich im innersten Wesen;
Doch frag' ich und blick' in das Herz —

Feramors.
Kannst Du drin lesen?

Lalla Rukh.
Ist Liebe Lust oder Schmerz?

Feramors.
O, frage nicht!

Lalla Rukh.
Kann glücklich sie machen auch mich?

Feramors.
Wie darfst Du zweifeln?

Lalla Rukh.
O, was ist Liebe? Sprich!

Feramors.
Ha! — die Lippe noch warm von Deinem Kuß,
Ruf' ich laut: die Liebe,
Nur sie allein macht den Bettler reich,
Und arm wär' ohne sie selbst der König!

Lalla Rukh.
Wehe mir! Was sagst Du? Gestürzet hast Du mich
Aus meinen Himmeln mit diesem Wort,
Mit dem Wort, das an den König mich mahnt!

Feramors.
Den König . . . . Du hassest ihn?

Lalla Rukh.

Nicht Haß, nicht Liebe fühl' ich für ihn;
Aber mir graut vor der Stunde,
Wo ich ihm geben soll mein Herz,
Welchem die Liebe fehlt!

Feramors.

Und hoffst Du auf Glück?

Lalla Rukh.

Ich hoffe nichts, ich fürchte die Zukunft,
Wie eine Wüste liegt sie vor mir!

Feramors.

Und entgegen gehn willst Du ihr doch?

Lalla Rukh.

Es ist Allah's Wille!

Feramors.

Nein, das kann Allah's Wille nicht sein!
Was bindet Dich?

Lalla Rukh.

Mich bindet die Pflicht!

Feramors.

Wirf sie von Dir, die drückende Fessel,
Wirf sie von Dir, die Pflicht,

Und folge der Liebe, o, folge mir!
Gehorche nur Deinem Herzen!

Lalla Rukh.
O schweig'! ich darf Dich nicht hören!

Feramors.
Was nennst Du Pflicht? Dich stumm zu ver-
kaufen,
Dein Leben zu opfern einem Ungeliebten?

Lalla Rukh.
O schweige! Nicht weiter — es ist Pflichtgebot!

Feramors.
Ach! Komm und fliehe mit mir! O komm, folge
mir!
Laß die Welt, laß die lieblose Welt!
O, vertausch' den Palast, o, vertausch' seinen Glanz
Mit der Hütte, wo Liebe wohnt;
Wo die Seele lieblich auf Träumen sich wiegt;
Wo Dein Herz an's Herz des Geliebten sich schmiegt:
Dort winkt Dir Ruh',
Dort winkt Dir Glück!
D'rum folge mir!
Folg' dem Sänger — sein Lied
Macht zum Eden der Wüste Gebiet!

Lalla Rukh.
O, schone mein! Ruf' nicht vergebens
Zum Bewußtsein mich des verlor'nen Lebens!

Feramors.
Du weisest mich von Dir?

Lalla Rukh.
O, schone mein!

Feramors.
Du liebst mich nicht!

Lalla Rukh.
Mehr, als ich Dir's sagen darf!
Von Dir allein nur träum' ich,
Dir allein gehört mein Herz —
Doch ach! es darf nicht sein!
Sieh' meines Herzens Pein!

Feramors.
Geliebte!

Lalla Rukh.
Wie ein holder Wahn, ach! so süß und mild
Umgaukelt mich Dein Bild!
Doch weisen muß ich's von mir,
Denn schon fesselt mich ein Band;
Mein Herz gehört nur Dir,
Doch dem König meine Hand!

Feramors.
Wenn Deine Liebe wahr und tief,
So komm und folge mir!

O, mach' den Traum zur Wirklichkeit,
Wirf von Dir Pflicht und Fessel,
Folge der Liebe, folge mir!

Lalla Rukh.

O schweige! Nicht weiter — ich darf Dich nicht
hören!

Feramors.

Ach!

Lalla Rukh.

Zu Dir, o Allah, wend' ich mich!
Du siehst, Du weißt, was ich leide;
Du kennst meine Qualen, siehst meine Angst —
O Allah, o Vater, sei mir nah!
Ein hülflos Wesen steh' ich da,
Ohne Dich verloren bin ich ja!

Feramors.

Komm und fliehe mit mir! O komm, folge mir!
Laß die Welt, laß die lieblose Welt!
O, vertausch' den Palast, o, vertausch' seinen Glanz
Mit der Hütte, wo Liebe wohnt;
Wo die Seele lieblich auf Träumen sich wiegt;
Wo Dein Herz an's Herz des Geliebten sich schmiegt:
    Dort winkt Dir Ruh',
    Dort winkt Dir Glück!
    D'rum folge mir!
Folg' dem Sänger — sein Lied
Macht zum Eden der Wüste Gebiet!
Entflieh' mit mir — o, hör' mein Flehn!

Lalla Rukh.

Es ist zu Ende! Es ruft die Wirklichkeit,
Wir müssen scheiden!

Feramors.

Scheiden!
Welch' grauses Wort sprichst Du da aus!

Lalla Rukh.

Es muß, es muß geschehn!
Wenn der Morgen graut, bin ich eine And're!
Ob schmerzensreich der Pfad auch, den ich wand're —

Feramors.

Du heißest mich gehen?

Lalla Rukh.

Auf Nimmerwiedersehn!

Feramors.

O, Wort voll Trauer und voll Leiden!
Ich kann es, kann es nicht fassen!
Nein, nein, das darf nicht sein,
Ich will nicht von Dir lassen!

Lalla Rukh.

Was sprach ich denn vom Scheiden?
{ Ich könnt' es selbst ertragen kaum!
{ Er sollte gehn, mich meiden?
{ Nein, nein — das kann nicht sein!

Umsonst ist mein Kämpfen und Bangen,
Ich fühl' es, daß zu schwach ich bin;
Ein unaussprechlich Verlangen
Zieht mächtig zu ihm mich hin!

Feramors.

Geliebte! laß an mein Herz Dich drücken,
Vergiß die Welt in wonnigem Entzücken!
Du sagtest ja, Dein Herz sei mein . . . .
Dies Wort, o lasse mich's von Deinem Munde küssen!

Lalla Rukh.

Mein Feramors, ich liebe Dich!
 So heiß, so weich
Umgaukelt's meinen Sinn,
 Und zaubergleich
Sinkt Erd' und Himmel hin!
 So weich, so süß
Durchrieselt's meine Brust;
 Das Paradies,
Ich gäb's für diese Lust!
O Liebesfang, o Liebesklang,
Dich hör' ich immer wieder!
Mir wird so wohl, mir wird so bang —
Die Engel steigen nieder!
 Der Boden wird leicht,
 Der Odem entweicht!

Feramors.

Ich halte Dich umschlungen,
Von Liebesgluth durchdrungen!

Dich preß' ich an die wildbewegte Brust,
Dich reiß' ich fort in stürmisch heißer Lust!
  O, himmlisches Entzücken,
  Dich an das Herz zu drücken!
    O Lust!

      Lalla Rukh und Feramors:

O Liebe, du lösest nun der Seele Erdenhaft,
O Liebe, du trägst uns nun empor mit Himmelskraft!
Ach, weile doch, entschwebe nicht,
Holder Traum der Liebe!
Stirb hin in sel'ger Leidenschaft!

      Lalla Rukh.

O bleibe hier — bleib bei mir!

      Feramors.

Ich bleibe, Geliebte, bei Dir!

      Lalla Rukh und Feramors.

Himmel — was ist dein ewig Leben?
Erde — ich fühle dich entschweben!
Was ich je empfand in Freud' und Genuß,
Es lodert nun auf in feurigem Kuß!
O Seligkeit! O Wonne!

      Lalla Rukh.

Vereint mit Dir — sei's auch zum Tod!

      Feramors.
  Sie liebt mich!

Sechste Scene.

Die Vorigen. Hafisa. Dann Fablabin. Später Khosru, Wachen und Volk.

Lalla Rukh.
Hörst Du den Lärm?

Feramors.
Ich höre Schritte nahn!

Hafisa (hinter der Scene).
Laß mich! Laß ab von mir!
Folge mir nicht, geh'!

Fablabin (hinter der Scene).
Treuloses Mädchen, wo bist Du?

Lalla Rukh.
Fablabin ist's!

Fablabin (wie oben).
Warum denn fliehst Du mich, Hafisa!

Feramors.
Fort, schnell in's Zelt hinein!

Hafisa.
Wie — Ihr noch hier? Rettet Euch,
Fablabin kommt!

Feramors.
Geliebte! fort, in's Zelt hinein!

Lalla Rukh.
Nein, nein! Erst muß ich außer Gefahr Dich wissen!

Feramors.
Sei ruhig meinetwegen!

Hafisa.
Fürstin, eile, eile!

Fabladin.
Das Mondlicht ist fort —

Lalla Rukh.
O Himmel!

Hafisa.
Es ist zu spät!

Fabladin.
Es wird trüb und trüber!

Lalla Rukh.
Fliehe, fliehe — schnell fort!
Eile, noch ist es Zeit!

Hafisa.
Wir sind verloren! — Was ist zu thun?

Fürstin, geh' in's Zelt hinein!
Um Allah's Willen, geh'!

Fabladin.
Aber halt! Was seh' ich dort? — Das ist sie!

Feramors.
Wohlan, ich geh' — Dir zu Liebe!

Fabladin.
Nein, nein!

Feramors.
Leb' wohl!

Fabladin.
Das ist sie nicht! Diese Stimme . . . .

Feramors.
Leb' wohl!

Fabladin.
's ist ein Mann! Ha, was ist das?

Feramors.
Platz da!

Fabladin.
Beim Allah, der Sänger ist's!

Feramors.
Laß mich vorbei!

Lalla Rukh.

Ich bin des Todes!

Fadladin.

Ja, ja, er ist's!

Feramors.

Laß mich vorüber!

Hafisa.

Wie wird das enden?

Fadladin.

Verräther, Du bist es!

Feramors.

Machst Du nicht bald —

Lalla Rukh.

Wehe!

Fadladin.

Du sinn'st Verrath!
Endlich fass' ich Dich, Verräther,
Bei der That!

Feramors.

Giebst Du nicht Platz, schreit' ich zur That —
Ich ziehe die Waffe, ich brauche Gewalt!

Fablabin.

Ungeheuer!
Mörder! Feuer!
Hülfe! Rache!
Fackeln! Wache!
Ha! ich werde ein Exempel statuiren ohne Gleichen!
Ich werde ihn lehren, hier des Nachts umher=
zuschleichen!
Frevler, zittre — die Vergeltung naht!

Hafisa.

Himmel, was thut er?
Um sie zu retten,
Muß ich es wagen,
Und diesen Wüth'gen
Muß ich begüt'gen!
Bald kommt das Volk zusammen,
Schon seh' ich dort Fackeln flammen!

Lalla Rukh.

Himmel, was thut er?
In's Zelt muß ich eilen,
Man darf mich nicht sehn!
O, dürft' ich verweilen,
Um ihm beizustehn!
Ha, schon rennt das Volk zusammen,
Schon seh' ich Fackeln flammen!

Hafisa.

Fablabin!

Fabladin.

Wie — Du hier? — Mit ihm!?

Chor.

Was soll uns dieser Ruf?
Wer stört die Ruh' der Nacht?
Warum wird nicht bewacht
Das Zelt der Fürstin?
Was ist's! Was giebt's?

Einige aus dem Volke.

Herbei, herbei mit Fackeln und Lichtern!
Dieser hier versuchte zu entfliehn,
Doch bringen wir ihn wieder hier zur Stell'!

Lalla Rukh.

Feramors wieder hier? O Himmel!

Fabladin.

Ha, bist Du wieder da?

Hafisa.

Nicht geglückt ist ihm die Flucht!

Fabladin.

Greift den Mann dort!

Lalla Rukh.

Der Schändliche!

Hafisa.

Halt' ein, halt' ein!

Feramors.

Sei ruhig!

Chor.

Ha! — Wer ist jener Mann?

Fadladin.

Der Sänger ist's!

Khosru.

Was hör' ich?

Chor.

Der Sänger? Was that er hier? Sag' an!

Fadladin.

Des Hochverraths klag' ich ihn an!

Lalla Rukh und Hafisa.

O, unerhört!

Feramors.

Beruh'ge Dich!

Khosru.

Was spricht er da?

Chor.

Hört!

Fadladin.

Eben als ich aufstand, um zu beten —

Chor.

Nun?

Fadladin.

Und vor das Zelt darum voll Andacht bin getreten,

Chor.

Weiter!

Fadladin.

Da sah ich ihn, wie er umher hier schlich...
Wer weiß, was da geschehen wär' ohne mich!

Lalla Rukh.

Hülflos seh' ich ihn untergehn!
Ich bebe für ihn, für mich!

Hafisa.

Er tobt, ach, er ras't zu sehr,
Er will nichts mehr hören!

Feramors.

Was zagt Ihr, Frau'n?
Wer liebt, muß seiner Kraft vertrau'n!

Khosru.

Zu weit riß ihn die Kühnheit fort!

Ich muß jetzt handeln;
Er wird sich verrathen, wenn ich ihn nicht rette!

Fabladin.
Ich also, ihm entgegen — kühn, wie ich bin,
Trat ich, um ihn zu fragen, vor ihn hin.

Einige des Volks.
Nun, dann? Er — was that er?
Was wird er sagen?

Andere des Volks.
Da hast Du Recht gethan!

Fabladin.
Doch eh' noch eine Antwort mir geworden,
Zog plötzlich er den Dolch, um mich zu morden!

Chor.
Wie — das that er? O, unerhörte That!

Fabladin.
Nun bedenket nur die Folgen —

Chor.
Schrecklich!

Fabladin.
Wenn dieser Schändliche vollführt, was er gedroht —

Chor.

Entsetzlich!

Fabladin.

Ich, der Großvezier — der weise Fabladin — todt!

Chor.

Rache! Rache!

Khosru.

Zurück von dem Gefang'nen,
Er steht in meiner Hut!

Chor.

Die That erfordert Rache!

Khosru.

Zurück, sag' ich! Hört Ihr's nicht?

Chor.

Den Mörder willst Du schützen?

Khosru.

Nein, nicht schützen will ich ihn;
Im Gegentheil, will hier vor Euch
Das Urtheil sprechen über ihn.

Chor.

Hängen muß er!

Khosru.

Hängen soll er!

Lalla Rukh.

O Allah, was hör' ich, auch er verdammet ihn?
Nun ist die letzte Hoffnung auch dahin!
Hafisa, hörtest Du, was er gesprochen?
Mein Herz hat er damit gebrochen!

Hafisa.

Auch er — auch er verdammet ihn?
Nun ist die letzte Hoffnung auch dahin!

Fabladin.

Groß ist Deine Weisheit,
Und groß ist Deine Tugend, o Großvezier!
Und wär' ich nicht der große Fabladin,
Ich möchte wohl der weise Khosru sein,
Ja, das bekenne ich!

Chor.

Ha! Hängen wird er! — Hörst Du?... Hängen!

Feramors.

Ha! — Der Menge Drohn und Toben
Schwellt mein Herz, wie Sturm im Dunkeln,
Und mein Auge schaut nach oben,
Wo der Liebe Sterne funkeln!
In der Liebe Lust und Leiden
Hab' ich nun ihr Herz erprobt;

Nichts mehr wird uns, nichts mehr scheiden —
Stern der Liebe, sei gelobt!

Fadladin.

Endlich heut' bezahl' ich ihm den Lohn
Für seinen Spott und Hohn!
Daß er sich so sehr erfrecht,
Heute endlich wird's gerächt!
Weil er mich nicht respectiret,
Mich verachtet und schimpfiret,
Dafür hängen muß er an dem höchsten Galgen!
   Hochverräther!
   Missethäter!
   Mordanstifter
   Und Vergifter!
   Feuerschürer!
   Volksaufrührer
   Und Verführer!
   Mondscheingänger!
   Seelenfänger!
   Zelteindränger
Und rebell'scher Liedersänger!
Ha! hier des Nachts umherzuschleichen,
Welch ein Frevel ohne Gleichen,
Unerhörter Frevel! Hochverrath!
   Sterben muß er!
Und eh' wir noch von hinnen gehen,
Muß ich ihn hängen sehen!

Lalla Ruth.

O, schone sein, laß ihn nicht sterben!

Willst Du mit Blut meine Hochzeit färben?
Ach! um mich nicht zu verrathen,
Wird der treue Sänger sterben!
O, daß wir uns jemals nahten!
Meine Lieb' war sein Verderben!
Stern der Liebe, sieh mein Beben,
Meine Qual und meine Noth!
Wenn er stirbt, kann ich nicht leben —
Gieb auch mir — auch mir den Tod!

Hafisa.

O, schone sein, laß ihn nicht sterben!
Willst Du mit Blut die Hochzeit färben?
O, übe Gnade aus für ihn!
Ach, um sie nicht zu verrathen,
Wird der treue Sänger sterben!
O, daß sie sich jemals nahten!
Ihre Lieb' war sein Verderben!
Ha, wie steht er kühnen Muthes!
Keine Drohung kann ihn beugen;
Mit dem Opfer seines Blutes
Wird für seine Lieb' er zeugen.
Tapfer, wie in seinem Werben,
Bleibt er, da Gefahr ihm droht!

Khosru.

Seid unbesorgt, seid ohne Furcht!
Ha, wie der Prinzessin Wangen
Sich mit Todesblässe färben!

Wie sie nun ergreift ein Bangen
Um sein Sterben!
Welche Wonne, welch Entzücken,
Liebte so Hafisa mich!
Dürft' ich sie an's Herze drücken,
Dann tauscht' mit keinem Fürsten ich!

Feramors.

Ha, und wär's auch mein Verderben,
Nur die Liebe will ich preisen!
Freudig würd' ich für sie sterben,
Der erklungen meine Weisen!
Aus der Prüfung bangen Stunden
Ging hervor sie engelrein;
Wie ich sie heut' treu gefunden,
Wird sie mein für immer sein!

Chor.

Fort zum Galgen, es fließe sein Blut!
  Sterben muß er!
  Kein Erbarmen mehr,
  Da er sich so sehr
  Gegen ihn erfrecht,
  Ueber alles Maaß
  Gegen ihn vergaß,
  Blutig sei's gerächt!
Kein Erbarmen, keine Schonung
Und kein Mitleid, nein, er sterbe!
Fort in den Tod! Sterben muß er,
  Ja, ja, sogleich!

Fablabin.

Nun, was steht Ihr da? Wo sind die Balken,
Wo sind die Stricke? — Was säumet Ihr?
Rasch an's Werk!

Chor.

Schnell, schnell,
Holet die Balken, holet die Stricke!
Rasch an's Werk!

Lalla Rukh.

O Himmel!

Hafisa.

Wie, wär' es möglich?

Khosru.

Haltet ein!
Im Namen des Königs befehl' ich Euch,
Hier allein nur mir und keinem Andern zu gehorchen!
Dort im Thurme bis zum Morgen
Sei der Delinquent geborgen,
Und wenn neu der Tag sich lichtet,
Werde der Galgen aufgerichtet.
Also sei's!

Fablabin.

Also sei's! Also sei's!

Feramors.

Ha, der Menge Drohn und Toben
Schwellt mein Herz wie Sturm im Dunkeln,
Und mein Auge schaut nach oben,
Wo der Liebe Sterne funkeln!

Lalla Rukh.

Stern der Liebe, sieh mein Beben,
Meine Qual und meine Noth!
Wenn er stirbt, kann ich nicht leben —
Gieb auch mir, auch mir den Tod!

Hafisa.

Tapfer, wie in seinem Werben,
Bleibt er, da Gefahr ihm droht,
Und um sie nicht zu verderben,
Geht er freudig in den Tod!

Khosru.

Nur so kann ich ihn retten;
Nur so befreien ihn aus der Gefahr, die ihm droht;
Nur so entreißen ihn dem wüth'gen Alten,
Der, scheint es, geschworen hat seinen Tod!

Chor.

Dem Befehle des Gesandten des Königs
Müssen wir uns unterwerfen —
Fort mit ihm in den Thurm!

Doch wenn neu der Tag sich lichtet,
Sei der Galgen aufgerichtet,
Und es fließe sein Blut!

Fabladin.

Ha! er lebt noch! O, der
Hochverräther!
Missethäter!
Mondscheingänger!
Seelenfänger!
Zelteindränger!
Volksaufrührer!
Feuerschürer!
Mordanstifter!

Ende des zweiten Akts.

Dritter Akt.

(Das Innere des Harems in Kaschmir.)

Erste Scene.

Mädchen und Frauen. Sclavinnen.
Später Lalla Rukh.

Chor.

Bringt Schaalen aus China und silberne Spiegel,
Gefäße mit Narden und goldene Tiegel;
Arabische Perlen und indische Schleier;
Bringt Fächer, geziert mit Federn vom Reiher;
Bringt Blumen und Kränze und Edelgestein:
Eilt Euch, Ihr Frauen, denn die Fürstin tritt bald
  ein . . . .
Und wir müssen dienstbar sein,
Denn wir sind ja nur noch Sclavinnen!

Lalla Rukh.

Hafisa! Wo sie nur weilt?
  Zu Khosru sandt' ich sie,
  Um Nachricht mir von ihm zu bringen,

Und ach! vergebens wart' ich schon so lange!
Es pocht das Herz so bange,
Denn es spricht von ihm!

Chor.

Deiner Sclavinnen Schaar
Harr't, o Fürstin, Deines Winks!

Lalla Rukh.

Die Stunden fliehn,
Und noch immer keine Nachricht von ihm!
Ob er lebt? Ach, ob Fabladin
Seine Rache vollführt hat an ihm?
Allah! wenn er gestorben — kann ich noch leben?
Kann ich noch glücklich sein mit dem Gedanken,
Daß er um mich den Tod erlitt?

Chor.

Fürstin, laß Dich schmücken!
Selige Braut, die Stunde naht!
Festlich sei Du geschmückt,
Wenn der Bräut'gam Dich an's Herze drückt!

Die goldenen Blüthen vom Champacbaum,
Gepflückt an des heiligen Stromes Saum,
Noch frisch von der Nacht und duftig bethaut,
Wir flechten in's Haar sie der Königsbraut!

Den Perlenreifen wir bringen hier,
Er sei Deines Hauptes stolze Zier;

Seit ältester Zeit im Hochzeitszug
Bokhara's Königin ihn trug!

Nun mit dem Schleier von Rosenschein
Wir hüllen Dir Stirn und Antlitz ein;
Das Haupt und das Herz von ihm sei umwebt,
Bis vor dem Bräut'gam er freudig sich hebt!

Lalla Ruth.

Ein brechend Herz schmückt Ihr mit nicht'gem Tand,
Und auf ein müdes Haupt drückt Ihr die goldne
Krone!
Vor dem König beb' ich zurück,
Keine Liebe fühlt meine Seele;
Mein Leben gab ich ihm,
Dem Sänger meiner Leiden!
Du Amulet von Stein, das mir mein Vater
Um den Hals hing, als ich Abschied nahm,
O, laß Dich küssen — unter Thränen!

Damals war noch frisch mein Hoffen,
Und mir lachte das Geschick;
Damals lag die Welt noch offen
Vor dem heitern Kindesblick!
Bis zur blauen Bergesferne
Ging die Welt mir dazumal,
Und die Blumen und die Sterne
Schmückten sie mit Duft und Strahl!

Doch wie anders ist es heute!
In der Brust das tiefste Weh,

Die unseligste der Bräute,
Hier im Hochzeitsschmuck ich steh'!
Vor des Brautpalastes Thoren
Fühl' ich plötzlich mich gebannt,
Alles hab' ich ja verloren —
Liebe, Glück und Heimathland!

Chor.

Seht die Prinzessin! Was mag ihr fehlen?
Thränen vom Auge sich langsam stehlen!
Seht, wie sie bleich ist — wie angstvoll sie schaut!
Ist das die schöne, die holdsel'ge Braut?

Lalla Rukh.

Hafisa! Wo sie nur bleibt?
Und jetzt, wo die Entscheidung naht!
Horch, das ist sie!

Ein Bote.

Botschaft vom König!

Lalla Rukh.

Wehe mir Armen!

Der Bote.

Seidne Zelte sind am Wasser aufgeschlagen;
Dort, o Fürstin, sollst Du warten,
Bis vom Schalimar die Fahne flattert
Und Drommetenschall ertönt.
Die Barke liegt auf dem Kanal bereit,
Die zum Schloß Dich hintragen soll.

Lalla Rukh.

Träum' ich oder wach' ich?
Verstand ich das Wort?
Gekommen ist die Stunde des Todes für mich!
Arme Seele, hoff' nicht länger!
Leb' wohl auf ewig, Du mein lieber Sänger!
Dein Wille war es, o großer Allah!
Demüthig füg' ich mich Deinem Gebote,
Wenn auch das Herz mir bricht!

Aeltere Frauen.

Ordnet Euch in bunter Reih',
Stellt Euch, Mädchen, zwei um zwei,
Reih' um Reih', Paar um Paar —
Auf, es geht zum Schalimar.

Chor aller Mädchen und Frauen.

Auf, zum Wasser — auf, zum Garten!
Unter Rosen laßt uns warten,
Bis vom Schloß die Fahne wallt,
Bis Drommetenton erschallt!
Laßt zum letzten Mal sie träumen
Unter den Eleajabäumen!
Reih' um Reih', Paar um Paar —
Auf, es geht zum Schalimar!

Verwandlung.
(Thronsaal im Schalimar.)

Zweite Scene.

Hafisa (allein).

Bin ich recht?... Niemand hier?
In diesem großen, prächtigen Saale ganz allein?
Laß doch sehn!... Ganz allein!
Ach, wie die Männer mir nachschauten,
Als ich mich hierher schlich;
Wie sie verstohlen blickten
Und gar zu gern erfahren hätten,
Wer ich sei, ob hübsch, ob braun, ob blond;
Doch — sie spähten vergebens,
Denn mein Schleier verbarg mich,
Sie sahen — Nichts!
 O lieber Schleier, so leicht und so fein,
 Das brennende Antlitz, du hüllst es mir ein!
  Niemand sieht,
  Wie die Wange mir blüht,
  Und wie die Stirne glüht!
 Doch durch deine Falten sehen
 Läßt du mich die ganze Welt;
 Und so im Vorübergehen
 Nehm' ich mir, was mir gefällt!

Die Männer möchten wohl gern ihn durchschaun;
Doch fein ist der Schleier, und klug sind die Frau'n!
 Mein liebes Schleierlein,
  Leicht und fein,
 O, rausche hernieder und hülle mich ein!

Doch kommt der rechte Freier —
O Glück, es zu gestehn!
Der soll ganz ohne Schleier
Mir in die Seele sehn!

Dritte Scene.

Hafisa. Khosru.

Khosru.

Hafisa, Du hier? Seh' ich recht?

Hafisa.

Durch die Gärten des Harems, am Wasser hin,
Stahl ich mich zu Dir!

Khosru.

Welch hold Geschick gönnt mir zum ersten Mal,
Allein mit Dir zu sein?

Hafisa.

Im Auftrag der Prinzessin komm' ich heimlich.
Um Nachricht von dem Sänger zu holen,
Hat sie mich hergesandt . . . .

Khosru.

Ha, von dem Sänger!

Hafisa.

Ob er noch lebt? Und wenn er lebt,
Ob Du ihm Gnade erwirken willst?

Khosru (für sich).

Ob ich's ihr sage?

Hafisa.

Vor Dir auf's Knie zu sinken,
Beschwor mich die Prinzessin,
Und Dich um Gnade anzuflehn!

Khosru.

Sei, gutes Mädchen, unbesorgt!
Der Sänger lebt, er ist in Sicherheit,
Ich selber hab' ihn aus dem Thurm heut' Nacht
befreit.

Hafisa.

Er lebt — er ist frei?

Khosru.

Du wirst ihn hier bald sehen.

Hafisa.

Mit dieser Freudenbotschaft
Muß ich rasch zur Prinzessin eilen!

Khosru.

So willst Du gehn?

Hafisa.

Ja, ich muß — leb' wohl!

Khosru.

Theures Mädchen — o, höre mich!

Hafisa.

O, könnt' ich bleiben!

Khosru.

Bleibe!

Hafisa.

Nein, ich muß fort!

Khosru.

Hast Du denn für mich kein einzig freundlich Wort?
Und so kalten Blickes eilst Du wieder fort?

Hafisa.

Sag' ich's ihm, daß mir in seiner Gegenwart
Bang das Herze klopft?

Khosru.

Hast Du's nicht gemerkt, o Mädchen, lieb und traut,
Daß ich stets voll Sehnsucht in Dein Aug' geschaut?

Hafisa.

Ach, bezaubert hat auch mich sein Augenpaar!

Khosru.

Ach, vom Augenblick, wo zuerst ich Dich sah,
Ist Dein holdes Bild mir immer, immer nah!

Hafisa.

O, beglückend Wort, er liebt mich! Er bekennt,
Was die Seele füllt und was im Herzen brennt!

Khosru.

O bleib', bleibe ganz bei mir!

Hafisa.

Ach, könnt' ich — dürft' ich!

Khosru.

Seit Du neben mir beim Nachtgebet gekniet,
Deiner Stimme Klang mir durch die Seele zieht!
O, sprich ein einzig Wort!
Nicht so geh' von hier fort!

Hafisa.

Nein, wissen darf er's nicht,
Was im Herzen heimlich für ihn spricht!

Khosru.

Nicht mehr dräng' ich's zurück,
Sie muß mein sein!
  Vor die Fürstin mit ihr
  Tret' ich hin und sage:
  "Fürstin, gieb mir
  Diese hier zu eigen!"

Hafisa.

Ach, und doch möcht' ich es ihm bekennen,
Möcht' ihm gestehn, wie lieb er mir ist!
  Seligstes Gefühl der Brust,
  Von ihm, von ihm geliebt zu sein!
  Ach, nicht tausch' ich alle Lust
  Der Welt um diese süße Pein!

Khosru.

Hafisa!
Theures Mädchen! Ach!

Hafisa.

Ich muß fort!

Khosru.

Du willst wieder gehen, Du mein einzig Glück!
Und zum Troste lässest Du kein Wort zurück!

Hafisa.

O, was hilft es, daß ich es verhehle?
Sein bin ich von ganzer Seele!

Schweigen kann ich nicht mehr,
Ob auch das Geständniß schwer!

Khosru.

Laß Dein Auge funkeln, laß die Lippen glühn —
Deiner Schönheit Zauber macht mich kühn!
Wende Dich nicht von mir! Und zu dieser Frist,
O Hafisa, sag', daß Du mein eigen bist!

Hafisa.

Dein bin ich — Dein von ganzer Seele!

Khosru.

Hafisa!

Vierte Scene.

Die Vorigen. Fablabin.

Fablabin (hinter der Scene).

Laßt mich hinein!

Chor (hinter der Scene).

Zurück!

Hafisa.

Man kommt — ich bin verloren!

Fablabin (wie eben).

Ich muß hinein!

Chor (wie eben).

Zurück von hier!

Khosru.

Hier in dem Gang'
Weile so lang',
Bis der Zug der Fürstin naht,
Dann schließ' Dich unbemerkt ihm an!

Fabladin.

Wo ist der König? — Ich will zum König!
Laßt mich zum König!
Wo ist er? Wie gelang' ich zu ihm?

Khosru.

Was wünscht der Großvezier?

Fabladin.

Ha! Du hier? — Unerhörtes ist geschehn!

Khosru.

Was sagst Du? Was ist es? Sprich!

Fabladin.

Denke nur — heut' Morgen,
Als ich selber zum Thurm mich begeben,

Um den Verräther, den Sänger
Zur verdienten Strafe zu holen,
War der Thurm leer!

Khosru.

Wie? Was sagst Du?

Fabladin.

Der Missethäter war entflohn!

Khosru.

Ist's möglich!

Fabladin.

Ja, entflohn!

Khosru.

Entflohn?

Fabladin.

Ja, entflohn — der Thurm leer!

Khosru.

Leer?

Fabladin.

Durch Mauer und Gitter und Riegel und dreifache
Wachen
Ist er geflohn!
Niemand weiß, wie sich solches ereignen kann!

Khosru.

Unbegreiflich!

Fablabin.

Zauberhaft!

Khosru.

Mährchenhaft!

Fablabin.

Fabelhaft!

Khosru.

Unerhört!

Fablabin.

O, dieser Sänger!
Doch muß ich ihn wieder haben,
Und sollt' ich dazu den ganzen Orient,
Die Wüsten, die Küsten, die Meere, die Moscheen,
Die Harems durchsuchen lassen!

Khosru.

Ja, Du hast Recht, o Großvezier!
Rache erheischt diese neue Frevelthat!

Fablabin.

Laß mich zum König!

Khosru.

Bald wird er hier sein!

Fabladin.

Nein, ich muß gleich ihn sehn!

Khosru.

Das geht nicht an jetzt!

Fabladin.

Machst Du nicht Platz, so erzwing' ich den Eintritt!

Khosru.

Gedulde Dich nur ein Wenig noch,
Es geht jetzt nicht!

Fabladin.

Und läge der König betend vor Allah,
Ich müßte dennoch zu ihm!

Khosru.

Ich sage Dir, es geht jetzt nicht!

Fabladin.

Keinen Aufschub duldet die Sache!

Khosru.

Es ordnet sich der Zug!

Fadladin.

Laß mich zum König!

Khosru.

Nein, es kann nicht sein!
Hörst Du die Drommeten?
Die Fürstin naht!

Fünfte Scene.

Die Vorigen. Hochzeitszug der Prinzessin.
Lalla Ruth. Hafisa.

Frauenchor.

Auf dem Spiegel blauer Wogen
Kommen wir zum Schlosse hier,
Von dem Strome sanft gezogen,
Nahen mit der Herrin wir!
Schöner heut' scheint die Welt,
Blauer strahlt das Himmelszelt!
Wie verklärt Alles schaut,
Denn es naht die Braut!

Fadladin.

Wohl! zum Empfange hier bleib' ich im Saal,
Doch kommt der König, so sei hier vor allen ver-
        sammelten Großen
Mein erstes Wort: König, gieb Gerechtigkeit mir!

Frauenchor.
Stellt Euch auf — Paar um Paar,
Denn wir sind im hohen Schalimar!

Hafisa.
Fürstin, der Sänger lebt, er ist frei!
Du wirst ihn hier sehn!

Lalla Ruth.
Das Leben giebst Du mir
Mit diesen Worten wieder!

Khosru.
Der König naht!

Lalla Ruth.
Ha, der König!

Fabladin.
Der König!

Hafisa.
Fürstin, was ist Dir?

Lalla Ruth.
Nicht beschreib' ich Dir mein Bangen!

Hafisa.
Fasse Dich! Bedenke:
Wenn er Dich so elend schaut!

Lalla Rukh.

Wehe! Seinen Anblick zu ertragen mir graut!

Sechste Scene.

Die Vorigen. Der Hochzeitszug des Königs. Später Feramors.

Einzugs-Marsch.

Lalla Rukh.

O Freundin, weiche nicht von mir!

Hafisa.

Weinend wendest Du Dich ab vom Zug?

Lalla Rukh.

Verlaß mich nicht!
Daß die Arme, Schmerzensreiche,
Nicht in sich zusammenbricht!

Hafisa.

Fasse Dich!
Aller Augen sind auf Dich gerichtet!

Frauenchor.

Schaart Euch um des Thrones Stufen,
Reiht Euch, Frauen, zum Empfang!
Hört Ihr nicht die Hörner rufen?
Hört Ihr nicht des Erzes Klang?

Seht das goldne Glühn und Scheinen,
Seht den kriegerischen Staat!
Heil dem König und den Seinen!
Heil dem König! Heil! — Der König naht!

Männerchor.

Lieblich in der Frauen Mitte,
Wie ein Blümlein im Gefild,
Wie ein Bild der Lieb' und Sitte
Steht die Fürstin, sanft und mild!
Und mit männlichem Vertrauen
Naht der Jüngling, reif zur That!
Heil der Fürstin! Heil den Frauen!
Heil dem König! Heil! — Der König naht!

Fabladin.

Gerechtigkeit, großmächtigster König!
   Gerechtigkeit!
Der Sänger, den Du uns gesandt,
Er ist ein — G..G..G.. (er stottert) — Gnade!

Feramors.

Steh' auf, Fabladin!
Vergessen will ich Alles —
Nichts weiter davon!
Doch, wo ist sie, der Frauen Schönste,
Lalla Rukh, meine holde Braut?

Lalla Rukh.

Diese Stimme!... O Himmel!

Feramors.

Laßt mich sie jetzt sehen,
Sie, nach der mein Herz sich sehnt!
Herrliche, laß in Dein Aug' mich schaun!

Lalla Rukh.

Wär' es möglich?
Nein, nein, mich trügt mein Ohr!

Hafisa.

Theure Fürstin, schau ihn doch an!

Feramors.

Warum wendest Du Dein Antlitz ab von mir?

Hafisa.

Der Sänger ist's, Dein Gemahl!

Feramors.

O, laß diesen Schleier mich heben!

Lalla Rukh.

Mein Feramors!

Feramors.

Nicht länger darfst Du zweifeln!

Lalla Rukh.

Mein Sänger!

Feramors.

Dein Sänger und Dein Gemahl!

Chor.

Heil! Heil dem königlichen Paare!
Heil dem König und seinem Gemahl!

Khosru.

Nun, Hafisa, sprach ich wahr?

Hafisa.

Ja, jetzt versteh' ich's!

Feramors.

Schöner Stern der Liebe! Nicht vergebens
Haben wir zu dir, du hoher, geschaut!
Glücklich, wer im Sturm des Lebens
Seinem Herzen nur vertraut!
In Sängertracht verkleidet, unbekannt,
Zog ich entgegen Dir, mein Lieb', mein Leben!
Du solltest erst Dein Herz dem Manne geben,
Bevor Du gäbst dem König Deine Hand.
Dem Edlen treu bliebst Du im Widerstreit,
Den Lieb' und Pflicht im Herzen Dir begonnen;
Und so, wie ich Dich von Dir selbst gewonnen,
So bleibst Du mein in alle Ewigkeit!

Fabladin.

Ist dies der König hier,
Oder nur der Sänger?

Bin ich der Großvezier?
Kaum trau' ich mir es länger!
Wie soll ich alles Dies mir erklären?
Dieses Spiel, wie lange noch wird es währen?
Hat Alles heute sich denn verschworen?
Hab' ich allein den Kopf verloren?

Hafisa.

Sieh' die Beiden dort, wie lustbedrängt
Still ihr Aug' an seinen Lippen hängt!
Wie sie selig ruht in seinem Blick!
Lachte uns doch auch ein solches Glück!
Glück und Frieden
Sind hinieden
Treuer Liebe
Nur beschieden!

Khosru.

Glück und Frieden
Sind hinieden
Treuer Liebe
Nur beschieden!
Sieh' die Beiden dort, wie lustbedrängt
Still ihr Aug' an seinen Lippen hängt!
Wie sie selig ruht in seinem Blick!
Lachte uns auch ein solches Glück!

Lalla Rukh.

Ach!
All' der Liebe Schmerzen

Sind zu Ende nun,
Und an seinem Herzen
Darf ich selig ruhn!

**Lalla Rukh, Hafisa, Feramors,
Khosru.**

Schöner Stern der Liebe! Nicht vergebens
Haben wir zu dir, du hoher, geschaut!
Glücklich, wer im Sturm des Lebens
Seinem Herzen nur vertraut!

Chor.

Alles Gute kommt von Innen,
Und uns bleibt die freie Wahl.

Feramors.

Doch nun, mein Khosru!
Dir dank' ich allein, daß Alles mir so wohl ge-
  lungen;
Hast Du einen Wunsch, den zu erfüllen
In des Königs Macht — so sprich ihn aus!

Khosru.

Wohl hat der Liebe Zauber auch dies Herz erfüllt,
König, Fürstin — gebt Hafisa mir!

Fabladin.

Wie, was? Hafisa?!
Nein, nein, das kann nicht sein!

Sie, die Liebe mir gelogen,
Schändlich hat sie mich betrogen —
Und der Sänger, der Gottesläſterer, der — ein
König!
Wenn er's nicht wär'!
Wenn dies Alles nur ein Spiel....
Wenn.... so.... aber....

Allah il Allah, Mahomet razu il Allah!

Lalla Rukh und Hafiſa.

Heil der Liebe, Heil für immer!
Aus der Nacht der Erden
Führt zum ew'gen Licht ihr Schimmer,
Läßt uns ſelig werden!
Herz an Herz, für Tod und Leben
Giebt ſie uns zu eigen,
Und der Seele ſtürmiſch Beben
Stirbt in ſüßem Schweigen!

Feramors und Khosru.

Heil der Liebe! Heil dem Sterne,
Der uns treu geleitet!
Vor uns lächelt nun die Ferne,
Freundlich ausgebreitet.
Süßes Weib! Du Holde, Reine!
Ganz mir hingegeben,
Und auf ewig nun die Meine!
Mein in Tod und Leben!

Fablabin.

So hat Alles sich verbunden,
So hat Alles sich gefunden —
Ich nur steh' alleine hier!
Helm nach Indien will ich kehren,
Dort weiß man mich mehr zu ehren!
Aber, Sänger — zittert vor mir!
Alle Sänger, ohne Gnade,
Kriegen zum Willkomm' die Bastonade!
So rächt sich ein Großvezier!

Chor.

Heil der Liebe! Heil dem Sterne,
Der sie treu geleitet!
Ihnen lächelt nun die Ferne,
Freundlich ausgebreitet!
Heil dem königlichen Paare!
Heil dem König und seinem Gemahl!

Ende der Oper.

Dresden,
Druck der Königlichen Hofbuchdruckerei
von
B. G. Meinhold & Söhne.